1. Auflage 2004
© Edition Bücherbär im Arena Verlag GmbH
Würzburg 2004
Alle Rechte vorbehalten
Text: Susa Apenrade
Illustration: Susanne Schulte
Gesamtherstellung: Westermann Druck Zwickau GmbH
ISBN 3-401-08548-4

Susa Apenrade · Susanne Schulte

Verlauf dich nicht, Michi

„Bald komme ich in den Kindergarten", ruft Sophie begeistert.
Einmal hat sie Michi schon im Kindergarten besucht.
Schade, dass gerade dann, wenn Sophie in den Kindergarten kommt,
Michi nicht mehr da ist.
Denn Michi ist schon groß – er kommt nach den Ferien in die Schule.
„Ich will aber mit dir in den Kindergarten gehen!", ruft Sophie.
„Ich komm doch dann in die Schule", lacht Michi,
„und die ist ja ganz nah am Kindergarten."
„Aber ich will jetzt gleich mit dir zum Kindergarten gehen!",
bestimmt Sophie.
„Der ist zu, heute ist Samstag", meint Michi.
„Aber ich kann dir den Weg zeigen."
„Au ja!" Sophie klatscht in die Hände
und zieht blitzschnell ihre Jacke an.
    Michi zögert einen Moment.
        Eigentlich dürfen sie ja nicht alleine von zu Hause weggehen ...
          Aber Mama ist gerade bei Frau Koch im dritten Stock.
           Und Michi kennt den Weg ja gut.

„Wir gehen einmal hin und schnell wieder zurück", sagt er. „Ich zeig dir alles."
Und los geht's.
„Ich weiß genau, wo es langgeht", sagt Michi.
„Als Erstes müssen wir zum Denkmal mit dem Ritter. Da ist er."
„Der ist ja richtig dick", lacht Sophie.
Michi ist stolz, dass er das Denkmal so schnell gefunden hat.
„Und dort ist die Apotheke mit dem großen Fieberthermometer
über dem Eingang und daneben die Kirche, da müssen wir lang."

Und was ist das für ein großes Auto?
Aha, da ziehen Leute um. Die beiden schauen eine Weile zu, wie mehrere Männer schwere Möbel in das Auto tragen.
„Na, wollt ihr auch helfen?", fragt einer der Männer.
Michi und Sophie lachen. Aber sie wollen ja zum Kindergarten.

„Jetzt, Sophie, kommt das große Kaufhaus",
erklärt Michi, „und danach die Polizeistation,
das ist leicht zu merken."
Vor der Station stehen lauter Polizeiautos.
„Wie dein Polizeiauto in klein", ruft Sophie.
Als Nächstes bleiben Michi und Sophie vor einer
großen Werbetafel stehen, auf der eine riesige Kuh
zu sehen ist, die aussieht, als ob sie kichert.

Und nun kann Michi schon den Kindergarten sehen.
Sie müssen noch an dem großen Haus vorbei –
das ist wohl ein Krankenhaus, denn gerade kommt,
tatütata, ein Notarztauto angefahren.
Aber jetzt hat Michi ein richtiges Problem!
Er muss nämlich eine Straße überqueren,
und das darf er auf keinen Fall! Mama hat's verboten.
Aber sie wollen doch zum Kindergarten!
Sophie freut sich schon so sehr.
Einfach über die Straße gehen?
Mit den vielen Autos? Nein!

„Schau, Sophie, da ist der Kindergarten", sagt Michi,
„und jetzt müssen wir wieder zurück."
„Ich will aber auf den Kindergarten-Spielplatz",
ruft Sophie, „mit der Schaukel
und dem Kletterdingsbums!"
Michi hat Angst, dass Sophie über die Straße läuft,
und nimmt sie an die Hand.
„Komm, Sophie, ich hab dir den Weg gezeigt",
sagt er. „Jetzt gehen wir zurück. Bald bist du doch
andauernd auf dem Spielplatz."

Sie gehen zurück am Krankenhaus vorbei.
Und wohin nun? Sie laufen in eine Straße,
wo auch so eine Kuh auf einer Werbetafel ist.
Aber Michi merkt, es ist die falsche Straße …
Zurück? Oder weiter geradeaus?
Michi weiß nicht mehr, wohin er gehen soll!
Plötzlich bekommt er richtig Angst.
Da – da ist ein Kaufhaus. Aber ist es
dasselbe Kaufhaus von vorhin?
Jetzt kommt ein Mann auf sie zu. Soll Michi fragen,
ob der ihnen hilft? Aber dann nimmt der Mann
sie vielleicht mit und Kinder sollen nicht
mit fremden Erwachsenen mitgehen,
das weiß Michi. Er nimmt Sophie fest an die Hand
und läuft schnell mit ihr an dem Mann vorbei.
Da – da ist das Umzugsauto und Michi
erkennt auch die Männer.
Gott sei Dank ist er auf dem richtigen Weg.
Er schaut in die Luft – da ist eine große Kirche.
Aber ganz in der Nähe sieht Michi noch einen Kirchturm.
Von einer anderen Kirche!

Da bekommt Michi einen richtigen Kloß im Hals.
Er setzt sich hinter einen Baum
und fängt an zu weinen. Wenn sie nun doch
irgendein fremder Erwachsener einfach mitnimmt?
Mama!
Jetzt ist Michi gar kein großer Junge mehr.
Und als Sophie ihn weinen sieht,
fängt sie an zu schreien.
Aber das ist gut so, denn plötzlich ist Mama da.
Abwechselnd umarmt sie Michi und Sophie.
Mama ist da! Mamas weiche Arme.
Sophie hat mit dem Schreien aufgehört.
Aber Michi und Mama weinen beide
noch ein bisschen.

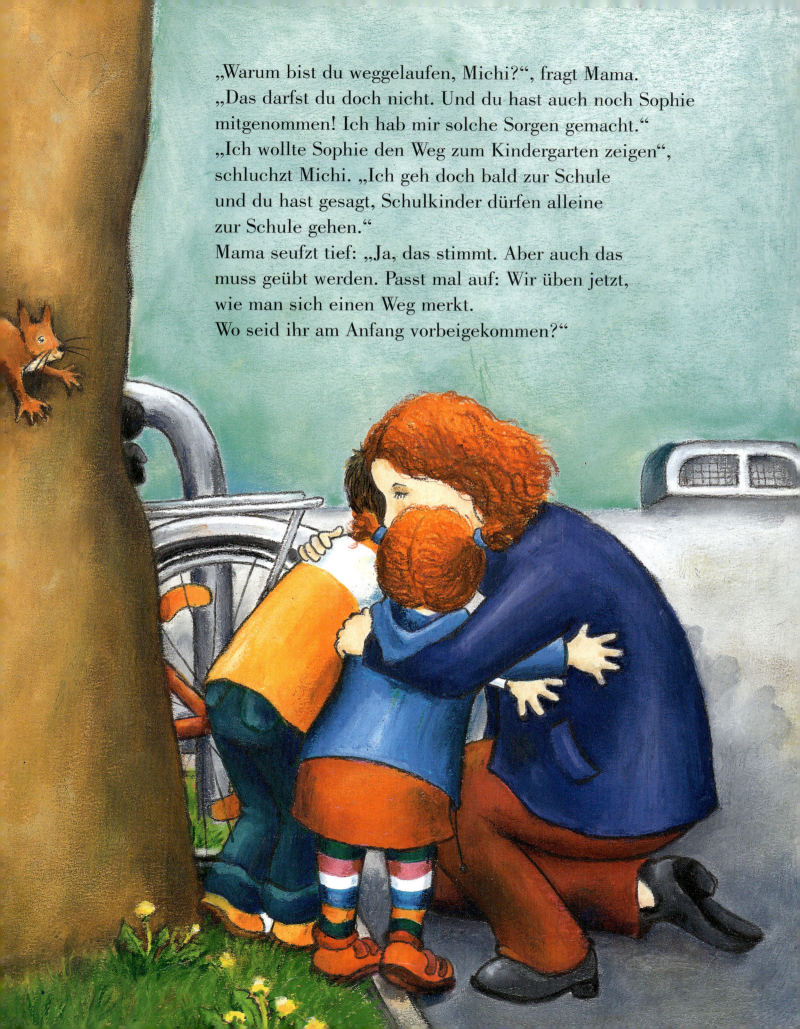

„Warum bist du weggelaufen, Michi?", fragt Mama.
„Das darfst du doch nicht. Und du hast auch noch Sophie mitgenommen! Ich hab mir solche Sorgen gemacht."
„Ich wollte Sophie den Weg zum Kindergarten zeigen", schluchzt Michi. „Ich geh doch bald zur Schule und du hast gesagt, Schulkinder dürfen alleine zur Schule gehen."
Mama seufzt tief: „Ja, das stimmt. Aber auch das muss geübt werden. Passt mal auf: Wir üben jetzt, wie man sich einen Weg merkt.
Wo seid ihr am Anfang vorbeigekommen?"

„An dem Denkmal mit dem dicken Mann",
erinnert sich Michi.
Mama weiß, wo das Denkmal ist, und von dort aus gehen sie los.
„Wo bist du jetzt hingegangen?", fragt Mama.
„Zu der Apotheke da, der mit dem Fieberthermometer."
„Die ist sehr gut zu merken", nickt Mama, „weil nur diese Apotheke
das große Fieberthermometer über dem Eingang hat, keine andere."
„Das merkst du dir also", sagt Mama. „Was merkst du dir
für deinen Rückweg als Nächstes?"
„Die Kirche", sagt Sophie an Stelle von Michi.
„Siehst du, da sind zwei Kirchen, zu denen man gehen kann –
bist du zu der mit dem grauen oder zu der mit dem
rotbraunen Turm gegangen?", fragt Mama.
In Michis Kopf arbeitet es.
„Rotbrauner Turm", sagt er, „da lang."

„Was merkst du dir jetzt?", fragt Mama,
als sie an der Kirche vorbei sind.
„Das Umzugsauto da!", ruft Michi.
Sophie nickt.
„Ihr beiden, überlegt doch mal, das Umzugsauto
kann jeden Moment voll mit Möbeln sein und losfahren –
und dann ist es weg. Ihr könnt es nicht mehr wieder erkennen."

„Stimmt", nickt Michi, „aber das Kaufhaus da."
„Auch nicht so gut", antwortet Mama,
„es gibt viele Kaufhäuser in der Stadt –
was merkst du dir an diesem Kaufhaus?"
„Die Kleiderpuppen in den Schaufenstern
mit all den grünen Sachen an", meint Michi.
„Die Kleider können auch schnell ausgewechselt werden",
lächelt Mama, „das ist nicht sicher!"
„Stimmt", sagt Michi.

„Wo gehen wir jetzt lang?", fragt Mama.
„Da lang", sagt Michi, „und da kann ich mir
auch etwas gut merken – die Polizeistation."
„Und wobei hilft die Polizeistation noch?",
fragt Mama.
Michi überlegt. „Weiß nicht", sagt er.
„Michi!", ruft Mama.
„Ich kann nach dem Weg fragen", überlegt Michi.
„Michi! Die Polizeistation ist der beste Ort,
wo man hinkommen kann,
wenn man sich verirrt hat",
ruft Mama. „Du gehst rein,
sagst deinen Namen
und die Polizisten helfen dir sofort.
Wie heißt du?"
„Michael Bongartz."
„Und ich heiße Sophie Bongartz",
ruft Sophie.
„Seht ihr", sagt Mama,
„die finden euer Zuhause raus.
Selbst wenn ihr eure Namen nicht wisst."

„Also, was merken wir uns jetzt, was hilft uns weiter?",
fragt Mama, als sie an der Polizeistation vorbei sind.
„Diese Werbetafel nicht", meint Michi.
„Ich glaube, ich habe schon zwei verschiedene Tafeln
mit derselben Kuh darauf gesehen."
„Ich auch", sagt Sophie.
„Ihr Schlauchen", lacht Mama.

„Aber das Krankenhaus da", sagt Michi,
„das können wir uns wieder merken."
„Und jetzt kommt die Straße", sagt Mama.
„Da sind wir nicht rübergegangen", ruft Sophie.
„Das war gut!", meint Mama. „Hier ist auch keine Ampel.
Aber selbst bei einer Ampel muss man noch sehr aufpassen,
weil es auch ganz schlimme Autofahrer gibt,
die nicht auf die Ampel achten. Versprich mir,
dass du nur an einer Ampelkreuzung über die Straße läufst
und erst, wenn du in die Schule gehst und wir das geübt haben."
„Ja", sagt Michi, „großes Ehrenwort."

Mama zwinkert mit den Augen: „Jetzt weiß ich nicht,
wie es nach Hause geht, du musst mich führen.
Und wenn wir an den Merke-Stellen vorbeikommen, sagst du sie mir dazu."
Auf dem Rückweg nach Hause sagt Michi: „Krankenhaus – Polizeistation –
Kirche mit rotem Turm – Apotheke mit Fieberthermometer – Denkmal
mit dickem Mann –", und führt Mama und Sophie fabelhaft nach Hause.
„Das hat Spaß gemacht", sagt er.
„Dann machen wir das jetzt öfter", sagt Mama, „und nach den Sommerferien
probieren wir, wie es klappt mit dem Alleine-Zurechtfinden.
Aber ohne zu fragen, machst du dich nicht noch mal auf den Weg!
Ich muss mich auf dich verlassen können, Partner!"
„Kannst du doch", sagt Michi.

Michis Spiel

Ab 3 Jahren
2 – 4 Mitspieler

Das Spiel:
– 48 Spielkarten zum Ausschneiden
– Spielplan

Benötigt werden außerdem:
so viele Spielfiguren wie Teilnehmer

Spielvorbereitung:
Die Spielkarten ausschneiden,
gut mischen und auf einen Stapel legen.
Wenn der erste Spieler
den Orientierungspunkt
„Apotheke" überschritten hat,
wird der Stapel erneut gemischt.

Spielregeln:
Alle Spielfiguren starten bei Michis
Zuhause. Ziel ist der Kindergarten.
Wer ihn zuerst erreicht, hat gewonnen.

Der jüngste Spieler beginnt und zieht
eine Karte.

* Zieht er eine farbige Bewegungskarte
(rot, blau oder gelb), darf er seinen Stein
bis zum nächsten Feld dieser Farbe
vorrücken. Danach legt er die Karte
wieder unter den Stapel zurück.
* Zieht er eine Joker-Symbolkarte mit
einem der „guten" Orientierungspunkte
(Denkmal, Kirche, Apotheke, Polizei,
Krankenhaus), behält er sie, bis er zu dem
entsprechenden Punkt am Weg kommt.

* Wer eine Symbolkarte gezogen hat,
darf trotzdem eine weitere Karte ziehen,
bis er eine Bewegungskarte bekommt
und mit ihr weiterlaufen kann.
Zieht er weitere Symbolkarten, darf er
so lange eine neue Karte nehmen,
bis er eine Bewegungskarte hat.
* Wer einen Joker gezogen hat, den er
bereits besitzt oder einen, dessen
Haltepunkt er bereits überschritten hat,
legt die Karte in den Stapel zurück
und darf eine andere Karte ziehen.

* Will ein Spieler den direkten Weg (rot)
über den Orientierungspunkt nehmen,
muss er die passende Symbol-Jokerkarte
einsetzen, um den entsprechenden Punkt
zu überschreiten. Der Joker wird danach
wieder in den Kartenstapel zurückgelegt.
* Wer nicht den entsprechenden Joker
hat, kann auch auf dem Feld vor dem
Symbol warten, bis er einen gezogen hat.
Die anderen Karten, die er in der
Zwischenzeit zieht, muss er dann
ungenutzt wieder abgeben.

* Wer nicht aussetzen möchte, bis er
einen Joker hat, kann den Umweg nutzen,
um zum Ziel zu gelangen.
* Wer den entsprechenden Joker zieht,
nachdem er bereits auf dem Umweg ist,
kann sich auch dafür entscheiden, wieder
zurückzugehen, um den Joker einzusetzen.

* Es dürfen mehrere Spieler auf einem
Feld stehen.